AF232933

L'HISTOIRE DE FRANCE

ET

LA RÉPUBLIQUE

A PROPOS DES

ÉLECTIONS SÉNATORIALES ET LÉGISLATIVES

DE 1876

Par un **BOURGEOIS** indépendant

2e ÉDITION

Prix : 20 centimes

Cette brochure sera expédiée *franco*, au prix de 25 centimes, à toute personne qui en fera la demande par lettre affranchie contenant le prix en timbres-poste.

Elle sera expédiée au prix de 20 centimes et *franco*, pour toutes demandes d'au moins vingt-cinq exemplaires, faites également par lettre affranchie contenant le montant en timbres-poste. Elle sera livrée à 12 centimes aux marchands.

EN VENTE :

A LA LIBRAIRIE SAGNIER, 9, RUE VIVIENNE

—

PARIS — 1876

L'HISTOIRE DE FRANCE

ET

LA REPUBLIQUE

A PROPOS DES

ÉLECTIONS SÉNATORIALES ET LÉGISLATIVES

DE 1876

A l'occasion des élections générales pour le Sénat et la Chambre des Députés, dont le verdict, selon qu'elles auront été sages ou insensées, sera le repos ou le trouble du pays, il est au plus haut degré nécessaire qu'électeurs et candidats pour l'une et l'autre Chambre s'entendent sur le programme à adopter; en si grave occurrence, toute équivoque entre les deux parties contractantes doit être écartée avec soin.

C'est aux électeurs de réclamer des candidats qui se présentent au Sénat ou à la Chambre des Députés d'exprimer leur sentiment sur les affaires publiques du pays et d'en déduire ensuite la ligne de conduite qu'ils se proposent de suivre; en un mot, leur demander une déclaration ou profession de foi d'autant plus sérieuse qu'elle sera plus motivée.

Si, dans l'état présent des choses, la France a une situation acquise, une constitution républicaine, elle a aussi des besoins, des tendances, en un mot des *desiderata* qu'il s'agit d'apprécier du mieux possible dans l'intérêt général.

Est-elle républicaine et doit-elle, si elle ne l'est qu'incomplètement, renoncer ou s'appliquer à le devenir?

La meilleure méthode pour arriver à une appréciation aussi exacte que possible et à se former une opinion raisonnée, est de consulter l'histoire même de notre pays et d'en tirer ensuite les conséquences qui en découlent.

Quatre opinions politiques se partagent le pays : 1° la Monarchie héréditaire ou de droit divin (légitimisme); 2° la Monarchie héréditaire constitutionnelle (orléanisme); 3° la Monarchie impériale (bonapartisme); 4° la République.

La légitimité invoque son ancienneté et reporte à ses Rois les gloires de la France.

En prenant l'histoire de ceux-ci à l'origine des Capétiens et les passant en revue jusqu'aux derniers représentants de cette race, il faut reconnaître beaucoup de beau, mais aussi beaucoup de mal. En effet, pour un saint Louis et un Philippe-Auguste, que de Robert le-Pieux, de Charles VI; pour un Henri IV, que de Charles IX et d'Henri III? Faut-il parler de la vieillesse de Louis XIV et de la vie entière de Louis XV? Que de turpitudes, d'imbécillité, de cruauté et de débauches des uns viennent altérer les gloires et les vertus des autres !

L'histoire des Reines dissolues ou cruelles et des femmes galantes de la cour tient une large place dans celle de nos Rois. Que de Frédégonde et de Brunehaut, d'Isabeau de Bavière, de Marguerite de Bourgogne, de Catherine de Médicis parmi les Reines vertueuses! que d'Agnès Sorel, de Diane de Poitiers, de Gabrielle d'Estrées, de Montansier, de Maintenon, de Pompadour parmi les grandes dames de la cour!

Et ce Clergé corrompu de la cour, et ces Cardinaux souillant la religion qu'ils représentaient et la pourpre dont ils étaient revêtus?

De grands et vaillants Chevaliers comme Duguesclin, Bayard, la glorieuse Jeanne d'Arc, ont illustré nos armes; mais combien de chevaliers félons?

Des guerres dynastiques continuelles de peuple à peuple, les divisions intestines des cours ne remplirent-elles pas plus l'histoire de nos Rois que les actes utiles à la nation?

Les provinces se faisaient la guerre entre elles : il en était de même des seigneurs féodaux souvent en révolte contre le suzerain ou se combattant entre eux de château à château : les plus forts pillaient et incendiaient les autres.

Auprès des splendeurs des cours, des heureux de la noblesse, du clergé et de quelques riches et rares bourgeois, que de sauvagerie, d'ignorance, de misère dans les masses! Les paysans en servitude habitaient d'infimes taudis, vivaient d'une nourriture malsaine. Les pestes, les famines étaient fréquentes par suite de l'incurie des grands.

Et cependant la France a grandi, s'est fait une auréole. Mais est-ce à nos Rois eux-mêmes qu'il faut en attribuer le mérite, ou n'en faut-il pas reporter la grande part à leurs Ministres et surtout au génie de la nation elle-même?

Quoiqu'il en soit, respectons notre vieille France, admirons ce qu'elle a de beau ; mais aussi respectons notre France nouvelle et glorifions-en les principes. Nous allons chercher dans ce qui suit à justifier ces propositions.

Les vices et les excès de nos derniers Rois amenèrent la révolution de 1789. Elle éclate : Quels événements! quels élans! quels principes de régénération elle jette au vent de l'humanité !

Mais bientôt l'infortuné Louis XVI, mal conseillé par ses courtisans, paie par la mort les vices et les fautes de ses prédécesseurs. Des sectaires, s'emparant des mauvais instincts des populaces, excitées d'ailleurs par les menées réactionnaires, commirent les crimes de 93, que les conspirations des nobles à l'intérieur et les attaques armées à l'extérieur peuvent expliquer, mais non justifier.

La terreur passe, l'horizon s'éclaircit, lorsqu'un ambitieux qui s'est couvert de gloire à la tête des armées républicaines s'empare de la République, et bientôt de la France, sur laquelle il jette de l'éclat, la gouverne en despote, et tombe en la laissant meurtrie et ruinée par deux invasions. Ce fut un premier temps d'arrêt dans l'évolution des principes de 89.

Les Bourbons reviennent appuyés sur les armées étrangères. Un roi sage et libéral, Louis XVIII, un roi honnête, mais anti-libéral, Charles X, passèrent, après avoir arrêté à leur tour les développements des principes de 89.

1830 fut une nouvelle explosion du sentiment national ; un roi honnête et sage, Louis-Philippe, est proposé comme la meilleure des Républiques, et cependant tombe en 1848 : troisième temps d'arrêt pour les principes de 89.

On proclame de nouveau la République, mais, par une inconséquence inouïe, on met à sa tête un prince qui, au lieu de gouverner comme il l'avait juré, voulant établir sa dynastie, détruit la République et, quinze ans après, tombe à Sedan sous ses propres fautes, laissant la France pantelante et ruinée par la plus formidable invasion. Son règne fut encore un temps d'arrêt pour les principes de 89.

Pour la troisième fois en quatre-vingts ans, la République est revenue. Faut-il voir dans le retour de celle-ci la force même de son principe, et que tout barrage qu'on lui imposera désormais sera infailliblement renversé, et, partant, qu'il serait plus sage de garder le gouvernement républicain qui existe ? Raisonnons plus avant.

Les principes de 89, qui s'incrustent dans la République et la symbolisent, sont-ils des principes de perversion de tout ordre moral, ou en sont-ils les plus fermes soutiens ? Sont-ils la régénération sociale ou son antipode ?

On accuse la République et la Révolution de 1789, dont elle émane, des crimes de 93, dont nous venons de parler, des Journées de juin et des horreurs de la Commune.

Les Journées de juin furent le résultat d'agglomérations inconsidérées d'hommes dans les ateliers nationaux. Ces agglomérations, formées d'ouvriers désœuvrés et de mauvais sujets comme il s'en trouve toujours à la suite des grandes commotions politiques, formèrent un terrain bien propre aux conspirations ; aussi l'argent et les émissaires bonapartistes s'en emparèrent-ils et les lancèrent-ils aux barricades. Deux honnêtes et vaillants généraux, Cavaignac et

Lamoricière, réduisirent, au nom de la République, cette formidable insurrection.

La Commune est la résultante de causes plus complexes : Un état particulier d'esprit chez les exaltés, par suite du long siége de Paris; la conduite injuste et impolitique de l'Assemblée de Bordeaux en dénigrant la résistance de Paris qui fit l'admiration de l'Europe; l'absence du Paris honnête et aisé qui en était sorti pour aller au dehors prendre air et se refaire des privations du siége; le manque de prévoyance des généraux de l'armée et de la garde nationale au 18 mars; l'armée du désordre composée de l'écume reniée de tous les partis, envoyant, à partir du 18 mars, de tous les points de la France et même de l'Europe, ses renforts à Paris; le bonapartisme, trouvant l'occasion bonne pour attiser et augmenter le mal, y jetant ses agents : telles sont les causes de la Commune et de ses horreurs.

Mais en charger la République et Paris qui en ont été les victimes, est-ce de la justice?

Un enseignement peut être tiré de ces événements, c'est qu'aucun prince ou monarque n'aurait pu réduire ces formidables insurrections, tandis que la République, parlant au nom de la nation, au nom de tous, seule a pu y arriver. C'est ainsi que dans tout conflit public armé, petit ou grand, qui pourrait se produire, la République aura facilement raison. Ce fait que depuis près de cinq ans nous jouissons d'une tranquillité absolue, c'est-à-dire d'une période de calme plus longue qu'aucun des gouvernements précédents ne nous avaient donnée, ne prouve-t-il pas, et au delà, cette démonstration? A un autre point de vue, croit-on que le siége de Paris eût duré près de cinq mois ou pût même été commencé avec la moindre apparence d'intérêt dynastique?

Les adversaires de la République dénient que les principes de 89 aient amélioré le sort du peuple et regrettent pour lui le temps passé. Cependant, c'est à partir de 89 que datent tous les développements physiques et intellectuels qui ont fait la France actuelle.

Le peuple, de servile qu'il était, est devenu libre; le paysan, taillable, corvéable et manant, est devenu son maître; il ne pouvait acquérir, aujourd'hui il est petit propriétaire, et, comme l'ouvrier des villes, il peut, s'il est travailleur, économe et intelligent, arriver à la bourgeoisie ; avec l'ouvrier, il prend part à l'administration de sa commune et même de l'État, car il est électeur. Au lieu de son bouge d'autrefois, il a une habitation où entre la lumière ; au lieu d'une nourriture abjecte, il se nourrit sainement. Pourrait-il être ingrat envers la République, à laquelle il doit tout cela ?

Les villes et les grands chemins ne sont plus comme autrefois abandonnés aux voleurs et aux assassins.

La sorcellerie, l'inquisition, la torture n'existent plus ; le régime de l'arbitraire est passé ; on ne met plus en prison sans jugement. Les inventeurs ne sont plus inquiétés, encore moins mutilés.

C'est depuis 89 qu'il n'y a plus de famine et même qu'elles sont devenues impossibles ; que la vie moyenne, qui était de 27 ans sous nos derniers Rois, s'est élevée à près de 40 ans.

Le commerce et l'industrie ne sont plus depuis 89 choses dégradantes, mais, au contraire, considérées ; leur essor a été inouï, et l'on peut dire qu'on leur doit la plus grande part des ressources actuelles.

La fortune publique est aujourd'hui plus que décuple de ce qu'elle était avant 89.

C'est à la suite de 89, que la France, divisée en provinces presque étrangères les unes aux autres, a été classée en départements régis par les mêmes lois ; que le système métrique a été appliqué aux poids et mesures ; que l'Assistance publique s'est régularisée, développée, et que toutes nos grandes institutions actuelles (Académie, Université, École polytechnique) ont été créées et nos Codes établis.

Tous les États de l'Europe ont profité peu à peu de la grande Révolution française, et on peut dire que ce sont ses principes qui aujourd'hui gouvernent le monde civilisé.

Ses antagonistes reprochent à la République d'être incompatible avec le beau, le grand, les lettres, les sciences, les arts ; d'être hostile à la religion.

La République contraire à la gloire, aux lettres, aux sciences et.

aux arts ! mais c'est la proposition contraire qui est la vraie. En effet, c'est à la suite de 89 que les sciences, les beaux-arts ont marché à pas de géants ; que l'instruction, aussi bien en haut qu'en bas, s'est répandue jusqu'au fond des campagnes et s'y répandra plus encore.

N'est-ce pas sous la Rome, la Grèce et même la France républicaines que la gloire militaire a eu ses plus belles pages ? N'est-ce pas sous les Républiques de Rome et de la Grèce ancienne ainsi que sous les Républiques italiennes du moyen âge, que les lettres et les arts, plutôt que sous les Rois et les Césars, ont été le plus en honneur ?

Partant de ces considérations, ne peut-on même établir que, sauf dans la guerre, tous les grands hommes, tous les grands talents, toutes les grandes intelligences ont été ou sont des républicains, de grands libéraux, et qu'aucun roi, empereur ou prince, n'appartient pour aucune époque à cette haute pléïade intellectuelle ? que les hommes anti-libéraux et réactionnaires n'ont jamais dépassé la médiocrité ou la demi-célébrité ? Que l'on cherche, en effet, parmi les grands poètes, les grands littérateurs, les grands orateurs, les grands artistes, les grands inventeurs, et l'on aura la preuve de cette vérité. Jamais les grands esprits n'ont été pour la guerre entre les peuples, ni réclamé le sabre pour conduire les hommes. Oui, l'esprit réactionnaire ne peut rien de véritablement grand : égoïsme, voilà son critérium.

En plein siége de Paris, pendant que de courageux citoyens s'élevaient en ballons pour aller porter au dehors des nouvelles de la grande ville, n'a-t-on pas vu l'un d'eux emportant un grand et courageux savant, chargé d'aller étudier un phénomène astronomique d'un haut intérêt scientifique ? Quand un gouvernement au sein d'une ville canonnée, affamée, a de pareilles préoccupations, est-ce bien un gouvernement incompatible avec le grand et le beau ? Ne sont-ce pas, au contraire, ses adversaires qui, de tout temps, ont mis les sciences et la liberté de la pensée à l'index comme choses dangereuses ?

On peut, certes, regretter ces idées naïves, ces habitudes

**

simples de certaines populations d'autrefois, remplacées aujour-
d'hui, dans quelques groupes, par des appétits malsains,
des idées subversives. Mais la société n'a-t-elle pas eu à toutes
époques ses bas-fonds et même relativement plus nombreux qu'aujourd'hui? Et si certains groupes à la merci des déclassés de la
société ne veulent admettre que des droits et non des devoirs, ne
faut-il pas s'en prendre aux gouvernants qui, croyant servir leurs
dynasties, ne faisaient apercevoir les principes de 89 qu'à travers
les horreurs de 93 et qui n'ont pas fait l'éducation du peuple, ce
qui est cause qu'aujourd'hui souvent le peuple, peu habitué avec la
liberté, confond celle-ci avec la licence? Il faut donc aujourd'hui lui
faire cette éducation du citoyen digne de la liberté, sachant ses
droits, mais aussi ses devoirs. C'est alors qu'il comprendra ses
droits et devoirs électoraux, et que le suffrage universel, chose
incohérente *a priori*, n'apparaîtra plus comme une utopie, un danger,
mais comme une institution ayant en elle-même ses contre-poids.
On peut dire à la louange de celui-ci que depuis qu'il existe, il
s'est toujours exercé dans le calme; que les émeutes ont disparu.
C'est que sans doute, faisant l'effet d'une soupape, le bulletin dont
il est en possession enlève à l'électeur tout prétexte à la violence.

Avec un Roi ou un Empereur héréditaire, la révolte seule peut
mettre fin à un état de choses abusif; avec un Président ou Régent
de République élu pour cinq ans, susceptible d'être réélu au plus
une deuxième fois et restant dix ans en tout, peut-il en être ainsi?
Non.

Notons que ce Président avec un traitement de 500,000 francs
ne peut acheter des créatures. N'a-t-on pas vu au 24 mai l'illustre
Thiers, qui avait tant de titres à y être maintenu, et qui pouvait si
facilement y rester, s'il eût voulu appeler de la majorité factice
de l'Assemblée à la majorité vraie du Pays, descendre du fauteuil
présidentiel et céder la place au Maréchal de Mac-Mahon, qui
certainement, en 1880, cédera loyalement sa place au nouvel élu?

N'avons nous pas l'exemple de la grande République américaine
et celui de la République helvétique ?

Est-il inutile de faire remarquer que, lors de l'avénement du

Maréchal à la Présidence, la minorité, malgré le peu de différence des votes, leur nature et les moyens employés, ne contesta pas et que depuis c'est en elle qu'il trouve ses soutiens les plus constants.

Faut-il ajouter que parmi ceux qui l'ont nommé, beaucoup ne parlaient de sa loyauté que du bout des lèvres. Au fond, en effet, ou ils le croyaient capable de livrer la République au premier des prétendants qui se serait trouvé prêt à lui en demander livraison, ce qui serait une forfaiture à l'honneur, ou, le croyant inconscient de la haute mission qui lui était dévolue, supposaient, ce qui revient au même, qu'il abandonnerait de lui-même le poste. Oui voilà, leurs actes et leurs paroles sont là pour le prouver, ce sur quoi de prétendus partisans du Maréchal comptaient.

Quoi, il pourrait être un traitre ; quoi, il n'apprécierait pas la plus haute position qu'une nation puisse donner à l'un de ses enfants; il ne reconnaîtrait pas que son titre de Président de la République française plane bien au-dessus de tous les autres ? Voilà des amis qui lui font injure, le compromettent et rendent sa mission difficile, et assurémeut ce ne sont pas les Républicains qui le respectent et sont, nous le répétons, ses soutiens les plus constants.

Pour beaucoup, l'hérédité avait l'avantage d'éviter l'émoi que cause toujours plus ou moins la transmission d'un pouvoir électif. Un roi mourait, on criait : Le Roi est mort, vive le Roi ! et tout était dit selon les monarchistes. Mais en était-il bien ainsi? Quels sont ceux qui faisaient cette acclamation? des courtisans, des gens en charges et non les masses qui ne voyaient pas d'allégeance pour elles dans le nouveau monarque. Mais ces changements ne donnaient-ils pas souvent lieu, longtemps avant et longtemps après, à des complots de cour? Mais la monarchie séculaire a-t-elle été exempte de troubles Et au contraire n'y en a-t-il pas eu de nom-breux? Les émeutes des maillotins, Montlhéry, la Journée des barricades, les guerres religieuses, la Ligue, le siége de Paris par Henri IV, la Fronde et *tutti quanti*, ne viennent-ils pas l'attester ?

N'est-il pas clair que, si depuis 89 il y a eu plusieurs révolutions. c'est parce qu'on a entravé l'évolution des principes appelés à régir la société moderne, et que vouloir y mettre entrave à nouveau ce serait s'exposer aux mêmes rechutes, si ce n'est même à des maux irréparables?

C'est pour ces diverses considérations que tout bon patriote doit être républicain à quelque titre que ce soit ; d'abord, parce que la République existe en fait et en droit, et parce qu'elle seule peut donner satisfaction à toutes les ambitions honnêtes, à toutes les intelligences, quels que soient leurs anciens drapeaux; les intrigants sans valeur réelle, qui pullulent sous les monarchies, seuls y perdront.

C'est aux classes supérieures à donner l'exemple ; il ne faut plus que tout en déclarant qu'en principe c'est la meilleure forme du gouvernement, elles travaillent à son renversement, sous prétexte que nos populations n'y sont pas préparées.

N'étaient-elles pas républicaines les villes et les campagnes sous ce gouvernement de fusion des partis de M. Thiers et même sous le gouvernement du 24 mai qui a causé sa chute, alors que les élections partielles ne nommaient que des candidats républicains, même dans les départements les plus agricoles?

Et si depuis ces dispositions ont semblé faiblir un peu, n'est-ce pas parce qu'une presse encouragée par les Hommes du 24 mai, et à la dévotion des partis hostiles, se sont rués, ont insulté, déchiqueté à belles dents l'homme considérable qui les gênait le plus, l'homme qui a remis la France sur ses pieds et en a été en même temps le libérateur ; n'est-ce pas, disons-nous, parce que beaucoup de Français, trop faciles à abuser, se sont laissés aller aux piéges de cette presse mensongère et l'ont suivie dans l'ingratitude, que nous avons vu quelques défections dans les rangs?

Ses adversaires disent encore : Mais déjà deux fois la République n'a pu s'établir et ses administrateurs n'ont pas brillé. La première République a eu à faire toute une transformation de la nation; celle de 1848, à peine née, par une inconséquence inouïe, était remise aux mains d'un prince, qui, ainsi que son entourage, n'était connu que sous les rapports les plus déplorables, et dont le seul but était le rétablissement de l'Empire. Bientôt tout fut or ganisé pour ce résultat ; on fit habilement jouer sous toutes les formes le spectre rouge, on effraya le pays par de fausses conspirations dont les meneurs appartenaient à la police, et, la nation rendue malade de peur, on la guérissait par le coup d'État de nuit, les emprisonnements et les mitraillades du 2 décembre.

Mais, ajoutent ses adversaires, le gouvernement de la Défense nationale de 1870 n'a pas administré mieux que le gouvernement provisoire de 1848. Une pareille objection est-elle sérieuse? Est-ce qu'à l'issue d'une révolution, en temps troublé, on peut gouverner comme en temps calme? Est-ce que l'on reste dans sa maison e on la régit lorsque le feu est dedans, comme en temps ordinaire? D'autre part, ces deux derniers gouvernements avaient-ils eu le temps de s'asseoir?

C'est une grande erreur de croire que ce qui est avantageux pour les masses nuit aux classes élevées, alors qu'au contraire l'un aide l'autre aussi bien au moral qu'au physique et que c'est à cette entente qu'il faut viser pour toute bonne organisation sociale, tandis que l'organisation inverse sera toujours boiteuse et sans lendemain assuré.

Trêve donc à ces animosités souvent inconscientes, mais non moins dangereuses, qui nous poussent les uns contre les autres ; plus de ces accusations et de ces injures passionnées de partis, qui font que la moitié des Français accuse et calomnie l'autre, donnant ainsi aux étrangers la plus triste opinion de la France.

Ne nous accusons pas, les uns des horreurs de 93 et de la Commune, les autres de la guerre des Albigeois, des Dragonnades, de la Saint-Barthélemy, des victimes de la justice du Roi, des sanglantes guerres faites dans des intérêts dynastiques, témoin celle de 1870 et dont les victimes, se comptent par centaines de mille. L'union patriotique nous relevant tous, la mise en pratique des paroles de l'Evangile : *Aimez-vous les uns les autres*, tel doit être notre objectif. C'est avec ces sentiments que nous arriverons à la liberté vraie, à la fraternité chrétienne et à l'égalité devant l'intelligence et le travail, en un mot à faire que cette belle devise républicaine inscrite sur nos édifices devienne une vérité.

C'est dans cet ordre de sentiments que notre clergé pourrait rendre les plus grands services. Qu'il éloigne de lui, à cet effet, cette passion politique qui, à la grande affliction des catholiques sincères, entraîne beaucoup de ses membres hors de leur mission, qui, au lieu de la religion du Christ, toute d'émancipation, d'abnégation et de charité, en prêchent une toute de vindication et de colère, évoquent des pratiques propres au retour de l'idolâtrie, rêvent le rétablissement du pouvoir militaire et sacerdotal si funeste à la France du moyen âge, si fatal encore à l'Espagne. Oui, que le Clergé se dégage de cette trop fameuse compagnie des jésuites qui l'opprime par ses chefs et le pousse aux abîmes ; que tout entier il rentre dans la voie de celui qui a dit : « Mon royaume n'est pas de ce monde, » et le peuple qui, aujourd'hui, le contempte et s'en défie, sera tout à lui, et la République sera son plus ferme soutien et notre belle religion prendra une extension incomparable.

Soyons d'accord pour réclamer toutes les réformes utiles. Réduisons les dépenses publiques afin de réduire au plus vite les impôts si lourds à supporter et qui proviennent tant du fait d'anciens abus que du fait de la dernière guerre ; sapons vigoureusement le fonctionnarisme dans ce qu'il a d'abusif, et en cela nous lui rendrons la dignité qu'il a perdue et qu'il doit avoir dans l'intérêt même du pays ; réduisons notre armée active au strict nécessaire afin d'obtenir, en même temps qu'une grande économie, une armée instruite et honorée. Cette réforme est d'autant plus possible que l'armée de réserve et l'armée territoriale, bien exercées, seront là pour s'y incorporer ou l'appuyer, et est d'autant plus urgente que chaque parti flatte notre armée et compte sur elle pour servir à ses desseins, alors que, pour notre honneur et le sien, elle ne doit être que l'armée de la France, l'armée nationale.

Ne pas augmenter notre état militaire : mais l'Allemagne peut nous attaquer ! mais la revendication de nos provinces perdues ? A notre avis, nous aurons d'autant moins la guerre avec nos voisins que notre état militaire sera plus normal ; et ces nations elles-mêmes ne reconnaîtront-elles pas enfin que les grandes armées permanentes sont leur ruine et qu'il y a folie à persister ?

Ah ! certes, il faut penser à l'Alsace et à la Lorraine, à leurs chères et si dévouées populations. Mais la revendication la plus sûre pour la nation et la plus glorieuse pour celui qui l'obtiendra est la revendication pacifique. M. Thiers au pouvoir y a pensé et certainement y pense encore, mais a-t-il besoin d'être au pouvoir pour s'en occuper? Non, que le gouvernement du Maréchal, faisant appel à sa grande expérience et à son ardent patriotisme, le charge de cette mission, et assurément il s'empressera de se mettre à sa disposition.

La République française doit avoir pour principe de vivre en paix avec toutes les nations voisines.

Notre première République n'a pas fait la guerre pour la guerre. Elle n'a fait que repousser l'ennemi qui envahissait nos frontières et l'a fait avec une gloire incomparable.

La République de 1848 n'a, elle aussi, provoqué aucune guerre avec les pays voisins.

Notre République de 1870 considérera que la guerre est l'argument d'un autre âge ou de nations non encore complétement civilisées et ne recherchera la gloire des armes que contrainte et forcée. Alors, mais seulement alors, elle l'assurera par les plus énergiques dispositions. A cet effet, elle s'attachera à retremper les caractères amollis par le dernier règne et à relever les courages, qui, sur beaucoup de points, ont manqué contre la dernière invasion.

Une bonne et nombreuse gendarmerie pour maintenir l'ordre et la sécurité des citoyens, à l'intérieur, dégagée de préoccupation politique, est de toute nécessité.

Il faut que nos gouvernants, aussi bien dans les idées que dans les actes, soient en complète communion avec le principe de gouvernement qui leur est confié et sachent apprécier l'honneur qui leur est fait d'une aussi haute mission ; leur entourage lui-même ne doit pas être soupçonné de nourrir des sentiments hostiles. Ce n'est qu'à cette condition qu'ils le consolideront et le feront aimer. Le poste de Ministre sous une République, par ce fait qu'il est confié plus directement par la nation, est plus sérieux et relevé que sous une Monarchie, où c'est surtout le Prince qui le donne et le couvre de son infaillibilité.

Conséquemment, que Dieu nous garde de ministres atrabilaires qui, au lieu de suivre et de diriger l'opinion, la bravent, se mettent en travers et l'irritent; qui font de la politique de partis et de combat au lieu d'une large politique gouvernementale; qui voient l'opinion dans l'Assemblée uniquement et non dans le pays. La preuve de la justesse de cette dernière proposition est facile à faire : Un homme de la plus haute honorabilité, M. Guizot, possédait les chambres et ne tenait pas compte du pays, où cela l'a-t-il conduit? Que M. Buffet, qui n'est certes pas un esprit ordinaire, qui a été l'élu de la majorité réactionnaire à la Présidence de l'Assemblée nationale aux approches du 24 mai, qui, sous l'influence de cette même majorité, est aujourd'hui Ministre de l'intérieur; que M. Buffet, disons-nous, se présente pour la députation aux élections prochaines dans les Vosges, eh bien! il peut être certain que ses compatriotes ne le renommeront pas. Ces derniers seraient-ils du péril social? De ce fait, on peut établir que la majorité de l'Assemblée et M. Buffet ne représentent pas l'opinion du pays, qu'ils en ont été tout le temps à côté, ou, en terme d'architectes, en porte-à-faux sur elle; on peut même inférer que M. Buffet, qui depuis la dernière rentrée de l'Assemblée jusqu'à sa dernière séance, pouvait se croire le grand prophète de la majorité, par la conduite de celle-ci dans la nomination des sénateurs inamovibles, n'en avait pas les sympathies et n'y était en crédit qu'à titre de patron électoral officiel. Qui devinera le Sphinx ou quel Sphinx devinera ?

Une réforme des plus importantes et des plus morales que chacun doit vouloir, c'est que, du plus haut au plus infime, aucun fonctionnaire de l'État ne soit hostile au gouvernement qui l'emploie et le rétribue, ni par actes, ni par paroles. Or, combien cette immoralité est fréquente et passée dans les mœurs! Il ne faut pas que cela continue. Que ceux qui appellent l'avénement d'une autre forme de gouvernement servent leur parti, mais à leurs frais, ou en se mettant à la solde des prétendants de leur choix en attendant l'heure. Est-ce que les contribuables qui paient pour être protégés, servis dans leur repos et leurs intérêts, peuvent consentir à entretenir des fauteurs de désordre ?

Arrière ces diplomates chargés d'affaires de la République, plus occupés de saper le gouvernement, qu'à surveiller les intérêts du pays !

Il ne doit pas non plus être permis, sous peine de démoralisation et de prononciamentos, à des dignitaires de l'armée et de la marine, qui doublement devraient expier dans l'ombre leurs fautes et nos désastres, de s'afficher parmi les ennemis des institutions actuelles dont cependant ils reçoivent un traitement.

Plus de candidatures officielles, car ce sont les députés patronnés qui, à l'unanimité, ont voté la guerre funeste de 1870 ; ce sont aussi les sénateurs nommés par l'Empereur, qui, aussi à l'unanimité, ont voté cette même guerre.

Depuis le ministre jusqu'au dernier édile, plus de traîtres à leurs devoirs, plus de gens capitulant avec l'honneur et la conscience, plus de préfets et de généraux provocateurs au sein des populations dont on leur confie la garde, car ils sont suspects, tout au moins d'un zèle maladroit, et nuisent au gouvernement qui les emploie ; ils discréditent, en même temps que leur autorité propre, celle dont celui-ci a le plus impérieux besoin pour être obéi partout et toujours sans hésitation : bonté, fermeté, sagacité, voilà les qualités des représentants du pouvoir.

Plus de récompenses publiques non grandement gagnées, ce, afin de ne pas les avilir toutes.

C'est à la condition que toutes ces réformes seront faites, et que la réduction des impôts par celle des dépenses sera résolûment abordée, que la République s'imposera à ses adversaires. Mais aussi envoyons-lui à cette fin des délégués bien pénétrés que le temps des discussions politiques sur la forme du gouvernement est passé et que celui de la discussion des affaires est venu.

Oui, consolidons et faisons aimer la République par la réforme des abus des gouvernements précédents, ne nous servant à cet effet que de fonctionnaires honnêtes et dévoués.

Que de gens impressionnables se laissent influencer par la lecture des journaux! et combien se sont laissé prendre par des inventions mensongères, et, ainsi effrayés, réclament un autre gouvernement, au risque de répéter la fable des grenouilles demandant un souverain, ou, parfois, affolés de terreur, commettraient, mais plus gravement, l'acte de ce personnage singulier qui se jetait dans l'eau de peur de la pluie. Combien enfin qui, trompés, jouésainsi, retomberont encore dans le piége, faute d'une résolution cependant bien simple : ne plus lire les journaux qui les trompent et travaillent au renversement du gouvernement établi, au risque d'une révolution terrible.

Quel rôle, en effet, le spectre du péril social ne joue-t-il pas dans les préoccupations de chaque jour? Ne l'a-t-on pas poussé jusqu'à la dernière limite du béotisme? Si le spectre, dont les discours sont déjà si effrayants par eux-mêmes, ne dit rien, ce silence est encore plus effrayant, car il médite d'horribles projets. Et voilà où le Français, l'homme le plus spirituel et le plus brave de la terre, arrive par suite des fausses terreurs qu'on lui inspire et auxquelles leurs inventeurs ne participent nullement, on peut le croire.

Et cette variante de tactique de la presse réactionnaire, s'emparant d'un radical excentrique qui n'a d'important et d'effrayant que son excentricité même, fait-il quelque discours de sa façon, ou même n'en fait-il pas du tout, elle le fait miroiter et gesticuler, en fait un diable à ressort, analogue à ceux avec lesquels on fait peur aux enfants. Ah! la bonne aubaine que de pareils personnages! S'ils n'existaient pas, il faudrait, pour les besoins de la cause, les inventer.

Certes, on ne peut nier qu'il n'existe des esprits turbulents, plus que cela, des natures mauvaises, horribles, en révolte constante contre la société, et que le gouvernement doit surveiller aussi activement qu'en cas de méfaits, frapper sévèrement. Mais faut-il élever quelques milliers de gredins à la hauteur d'un péril social? Est-il bon, même pour l'honneur du pays, de faire croire à une perversion si générale, à une société si gangrenée, et est-il honnête de grossir pour les besoins de la cause une telle situation?

Si nous avons insisté autant sur ce point spécial, c'est que l'art de tromper et d'effrayer les gens a été poussé bien loin, et qu'il est temps de dévoiler cette comédie, de ridiculiser ces clichés de convention, que l'on retrouve en toute occasion, dans les paroles ou les discours réactionnaires, afin d'y mettre un terme.

Comment, gens de sens sous tant d'autres rapports, vous voulez le repos, la prospérité du pays et la vôtre propre et vous entretenez de vos deniers des journaux qui prêchent le trouble et consentez ainsi à en devenir les complices? Assurément vous n'y avez pas réfléchi. Serez-vous bien admis plus tard à vous plaindre, lorsque par votre faiblesse vous serez arrivé à mettre le pays en état d'anarchie ; vous vous plaindrez des Républicains, mais n'est-ce pas vous, qui en favorisant les gens hostiles à la République, aurez amené cet état de chose, en enlevant à celle-ci, la force dont elle avait besoin pour dominer la situation ? Il est temps de ne plus confondre la cause avec l'effet, et de définir les responsabilités.

Admettons qu'en 1880 les révisionnistes, par suite de l'incessante guerre qu'ils lui font, obtiennent l'annulation de la Constitution républicaine et qu'un parti l'emporte sur les autres : après... ?

Certes, nous n'entendons pas confondre tous les journaux faisant opposition à la République dans le même anathème. Il en est qui, comme pour les simples particuliers, la discutent de bonne foi. A ceux-là nous nous bornerons à dire qu'aujourd'hui la République étant votée et parachevée, par patriotisme, ils ne doivent, dans la discussion, que tendre à l'amélioration de son gouvernement. Combien, en ce sens, ne peuvent-ils pas être utiles au pays !

L'histoire redira combien notre troisième République a eu d'entraves à vaincre avant de pouvoir s'établir. Elle redira que non-seulement les partis hostiles lui en ont opposé de plus multiples, mais que les mains auxquelles on la confiait ont été fréquemment celles qui la livraient à ses ennemis ; qu'à cet effet la valeur des mots a été changée; on s'est donné les noms de conservateurs, de parti des honnêtes gens ou de l'ordre moral, alors qu'on n'était que des révolutionnaires, des factieux voulant détruire et qui, pour y arriver, employaient des moyens et des subterfuges rien moins que d'ordre moral ; elle redira que des gens sortis grâce à la République provisoire de l'obscurité où l'Empire les avait relégués ont été ses plus acharnés en même temps que ses plus impolitiques ennemis ; que des gens ont eu le triste courage de mettre sur la sellette ceux qui avaient eu toute la peine, et de fulminer dans des rapports où tous les faits, toutes les intentions sont retournées, allant jusqu'à justifier la lâcheté et en semer la graine pour l'avenir, fulminer, disons-nous, les plus sévères accusations, dans des rapports qui, de ces faits, seront des monuments de ce que peuvent être des arrêts quand ceux qui les rendent sont juges et parties.

L'histoire redira aussi qu'une presse nombreuse à la solde des partis et à laquelle la République, elle, n'a pas d'argent à donner pour dire ses louanges, l'a attaquée de la façon la plus violente et avec l'impunité la plus grande ; que cependant cette République ainsi déchiquetée, conspuée chaque jour par des milliers de plumes vénales, a résisté, grandi, est devenue grande personne ; que, pour se faire admettre sans conteste, elle aurait, ainsi que le pratiquent les gouvernements dynastiques, pu frapper fort, être cruelle, et que, cependant, elle ne l'a pas fait.

N'est-ce pas précisément là ce qui démontre la puissance de son principe ? Est-ce qu'aucun gouvernement monarchique aurait résisté, ne fût-ce que quelques mois, à une telle avalanche d'attaques publiques et privées ? Gens honnêtes et de raison, dont la bonne foi a été surprise, ne serez-vous pas frappés par cette simple démonstration et résisterez-vous à reconnaître là où est la vérité, là où est l'avenir ?

A ceux qui ont des préventions contre la République, à ceux qui écoutent les gens intéressés à les exciter contre elle, par exemple, d'anciens favoris ou fonctionnaires des régimes tombés ou espérant le devenir, des journalistes sans vergogne et qui chaque matin, et cela depuis cinq ans bientôt, leur crient aux oreilles : Le péril social est à vos portes, on ne peut vivre sous la République !...

Il nous suffira d'exposer simplement ce qui s'est passé depuis la guerre et la Commune, pour leur démontrer combien leur prévention est injuste, et combien on les trompe et se moque d'eux chaque jour.

Dès le début de la guerre, avant même la chute de l'Empire, la France s'est trouvée désorganisée, les courages abattus et à la fin elle était terrassée; la Commune la maintint ainsi, mais à peine celle-ci était-elle réprimée et les Prussiens éloignés de Paris, que les choses commencèrent à se réorganiser; les emprunts formidables, tant la confiance en M. Thiers était grande, furent souscrits comme par enchantement et, chose plus admirable encore, sans donner lieu à une crise financière; l'industrie ralluma ses fourneaux, le commerce reprit peu à peu ses transactions, la tranquillité publique était complète, les objets de luxe, les objets d'art obtenaient des prix qu'ils n'avaient jamais obtenus dans les temps les plus prospères; les expositions locales, les concours agricoles et même les courses de chevaux reprenaient; tout, sous le gouvernement de transaction et de fusion des partis de M. Thiers, se réorganisait, et la France était relativement remise sur les pieds. Le 24 mai renverse le grand citoyen; le gouvernement de combat et de l'équivoque, choquant toutes les aspirations libérales, n'empêchait cependant pas l'élan donné par M. Thiers, non pas d'aller d'un pas accéléré, mais de faire des progrès; M. de Broglie, mal inspiré, est renversé, on arrive au grand acte du 25 février.

Alors se produit un grand apaisement dans les esprits, on respire et tout s'apprête pour un grand mouvement en avant. Mais un ministre fâcheux, émule de M. de Broglie, par une faute déplorable, détruit de suite les heureux effets du vote de la République légale; il pouvait s'emparer de ce grand mouvement d'apaisement, de cette œuvre à laquelle, chose étrange, il avait pris lui-même une large part, rendre la France heureuse; mais, au contraire, esprit paradoxal, défiant l'opinion, reprenant la politique de combat, sa conduite fait renaître les espérances des partis hostiles et les divisions. Malgré ces tristes choses, le pays marche d'un pas plus lent, mais marche cependant, tant la nation française, que l'on dit si difficile à gouverner, est décidée à montrer une sagesse résistant à toutes les excitations et qu'elle est digne d'une meilleure administration.

Aujourd'hui, les documents statistiques officiels démontrent que jamais notre commerce d'exportation n'a été aussi grand, nos travaux publics sur toute l'étendue du pays n'ont jamais été plus considérables, le réseau général de nos voies ferrées et de notre télégraphie se développent avec la plus grande activité, il en est de même pour nos chemins vicinaux, si utiles à notre agriculture.

Alors que tous les grands Etats, y compris l'Empire allemand, qui a cependant reçu nos milliards, subissent depuis deux ans une crise financière profonde, la France ne s'en doute pas ; jamais nos banques officielles ou particulières n'ont possédé plus de capitaux dans leurs caisses, n'ont été plus prospères.

Dans Paris, le travail est général ; et si les travaux de bâtiments ne sont pas aussi grands que sous l'Empire, c'est que l'administration d'alors a laissé à celle d'aujourd'hui un gouffre caché de dettes à combler, et néanmoins, les travaux se développent chaque année, grâce à plus d'ordre dans les finances de la grande ville. Les monuments en chantier s'achèvent, ceux détruits se relèvent, des constructions publiques nombreuses sortent de terre. Jamais nos palais, nos jardins et promenades publiques n'ont été aussi bien entretenus, nos musées plus riches.

Jamais y a-t-il eu plus de voyageurs nationaux et étrangers sur nos chemins de fer ? jamais les souverains, princes et grands personnages de tous les pays, ont-ils autant traversé la France, visité Paris ? N'est-ce pas parce qu'ils y sont respectés et plus à l'aise que jamais que la France, que Paris sont plus qu'autrefois l'objet de leur prédilection, ce, malgré les dénigrements, les préventions de certains Français et de journaux réactionnaires aussi peu patriotes que peu de bonne foi ?

Les produits agricoles ont-ils jamais eu un écoulement aussi facile et des prix aussi élevés que depuis la République? Les récoltes ont-elles été jamais plus abondantes ? Faut-il rappeler que des gens et des journaux, dans le but de mettre en antagonisme les campagnards avec les citadins, prêchaient que sous la République les paysans verraient leurs récoltes pillées par les gens des villes et que le soleil ne ferait plus mûrir les moissons?

Jamais la charité privée et l'assistance publique ont-elles été plus développées? Sous aucun gouvernement, les inondés ont-ils eu un secours de plus de 26 millions?

Le répression de l'ivrognerie, la régularisation du travail des enfants dans les manufactures et les spectacles forains et autres lois de morale publique n'ont-elles pas été édictées depuis la République?

Les plaisirs de toutes sortes ont-ils jamais été plus divers et leurs amateurs plus nombreux? Chacun de nous, sous la République, malgré cette meute de journalistes acharnée à ses flancs, et qui depuis cinq ans annonce journellement des cataclysmes, n'a-t-il pas fait sa partie du soir? Les familles n'ont-elles pas leurs réunions intimes ? la jeunesse ne danse-t-elle pas? les modes ont-elles jamais été si brillantes? les théâtres, les concerts ont-ils jamais été plus nombreux et plus fréquentés? les chasseurs grands ou petits se sont-ils privés de leur plaisir favori, ainsi des turfistes, des touristes, etc.?

Le clergé a-t-il jamais été plus protégé, plus nombreux, mieux doté, plus riche? a-t-il eu autant de liberté? a-t-on jamais construit plus d'églises que sous la République? D'où vient cependant que le mot clérical est devenu synonyme de turbulence, d'anti-national, que tant de membres du clergé sont si passionnés à la combattre, se montrent si contraires aux institutions modernes au point de compromettre la plus belle des religions, la religion essentiellement républicaine du Christ?

La magistrature, sauf quelques rares personnalités, créatures d'une politique d'abus et indignes de la toge, a-t-elle jamais été plus indépendante? a-t-elle jamais pu aussi librement rendre des arrêts et non des services, en un mot être plus digne et respectée?

Notre armée ne se réorganise-t-elle pas de façon à être avant peu digne de la nation? Les volontaires, les réserves actives et bientôt l'armée territoriale, en y mêlant chaque année leurs contingents tirés du cœur de la nation, ne vont-ils pas opérer une fusion entre militaires et citoyens, telle que bientôt l'armée sera, pour ainsi dire, la France elle-même? Sauf certains généraux d'une infatuation exorbitante et dont les fautes ont été cause de nos désastres, tous nos officiers dignes de ce nom ne doivent-ils pas être fiers de cette renaissance, fiers d'être les serviteurs de la nation et d'en porter les insignes, plutôt que ceux de ce régime qui a terni l'honneur de notre armée en la menant du 2 décembre à Sedan, c'est-à-dire d'une honte à l'autre?

Pourrait-il, en effet, sauf ces tristes exceptions, se trouver un officier français se posant en soutien d'un régime qui a fait tomber aussi misérablement la gloire militaire et l'orgueil national?

Jamais, malgré les dires et désirs de certains Français peu patriotes, la France a-t-elle eu de meilleures relations avec les nations voisines? et si elle n'a pas d'alliances, elles viendront; d'ailleurs, les gouvernements précédents en avaient-ils de bien sérieuses et ont-ils été sauvés par elles? Mais, contrairement à ce que dit notre presse réactionnaire, la République française ne tient-elle pas la première place dans les journaux étrangers, et les blâmes de ceux-ci n'atteignent-ils pas plus souvent ses adversaires que ses amis?

Nous croyons, par les faits qui précèdent, avoir surabondamment démontré la fausseté des dires de la presse réactionnaire, et que l'on pouvait parfaitement vivre sous la République.

Nous l'avons dit, trois partis disputent la France à la République. Le premier dit : J'ai la légitimité pour moi; le deuxième invoque ses titres parlementaires; le troisième ses plébiscites.

La légitimité ou royauté du droit divin peut-elle bien invoquer ce titre, ne datant pas de l'origine du monde, mais seulement alors que la monarchie française comptait déjà deux races et plusieurs siècles; puis son fondateur Hugues Capet n'a-t-il pas aidé à déposséder le dernier Carlovingien, tout comme avant lui les fondateurs de cette race, Charles Martel et Pépin le Bref, en avaient usé avec celle des Mérovingiens?

Le bonapartisme, qui ne peut vivre qu'avec la guerre à l'extérieur et le sabre à l'intérieur, et quand même, devrait-il, après les désastres qu'il nous a valus, oser reparaître? Ses soutiens en titre ne l'ont-ils pas abandonné tous au 4 septembre? en a-t-on vu un seul ce jour-là et même longtemps après?

Les monarchies royales ou impériales héréditaires reposent sur une fiction qui consiste à laisser croire que les Rois ou Empereurs

sont d'une essence supérieure aux autres hommes et que leurs
héritiers sont quand même dignes de leur succéder au gouvernement des nations. Qu'une telle fiction existe dans les temps d'ignorance et de superstition ou dans les pays où elle règne depuis des
siècles, cela se comprend; mais depuis 1789, cela s'admet-il en
France? Où les monarchies héréditaires de l'Orient, des Indes, de
la Chine, d'une origine bien autrement ancienne et orthodoxe que
les nôtres, ont-elles conduit les peuples de ces contrées?

La République, au contraire, est, de principe, le gouvernement
de droit, ou, selon la formule consacrée, ses droits sont
antérieurs et supérieurs à ceux des autres formes de gouvernement. En effet, une nation en possession de son libre arbitre,
et non à la merci d'un parti oppresseur ou d'un conquérant ambitieux, ne peut aliéner ses droits à se gouverner elle-même.

Comme suite à la question du principe d'hérédité, disons un
mot de l'affligeant spectacle que nous offrent les divers prétendants
au trône ; n'est-il pas, en effet, déplorable de voir chacun d'eux
affirmant posséder la panacée la plus certaine pour guérir la France
de tous ses maux, sans cesse occupé à lui tâter le pouls, à saisir
le moindre battement de son cœur, à guetter ses moindres faiblesses,
à les provoquer même au besoin, afin de s'assurer d'elle comme d'une
véritable proie! Comment aucun d'eux, s'il avait du patriotisme, par
une déclaration solennelle, alors même que ses droits n'ont rien de
légal, n'en a t il pas fait l'abandon sans réserve dans l'intérêt de la
tranquillité de son pays? N'est-ce pas là le plus sanglant reproche
que l'on puisse faire à ces prétendus sauveurs providentiels? Et
cependant il est parmi eux de nobles cœurs! Qu'ils donnent donc
l'exemple de ce sacrifice à la Patrie.

Qui niera que du jour où elle n'aurait plus de Princes prétendants qui tous, plus les uns que les autres, veulent la sauver et
son bonheur, la France serait bienheureuse?

Ne doit-on pas honnir les coryphées de ces divers prétendants,
attendant du succès de ceux-ci places et honneurs, et, à cette fin,
les aidant dans leurs intrigues. L'un d'eux, on a reconnu le bonapartisme, le plus audacieux, va jusqu'à faire des emprunts d'Etat

anticipés à l'étranger? N'en voit-on pas les meneurs de profession, Fontanaroses ou caméléons politiques, changeant de teintes, jouant tous les rôles, qui sous la forme de beaux messieurs décorés, qui sous celles d'agents d'assurances, de commis-voyageurs de commerce, de vendeurs de brochures et journaux, d'ouvriers, de voyous et même de communards, selon les lieux et les circonstances, se glisser dans les foules, parcourir les campagnes, remplir les administrations politiques ou privées, pour faire leur propagande, troubler le pays? Gens qui voulez la tranquillité, vous laisserez-vous prendre à ces manœuvres criminelles? voulez-vous, le succès couronnant de tels efforts, contribuer au remboursement de ces emprunts par anticipation, satisfaire à la curée des appétits et indemnités qui suivra, payer des dotations aux princes grands et petits? Puis cela fait : Après..?

Comment leurs compétiteurs, c'est-à-dire les tenants du légitimisme et de l'orléanisme, honnêtes gens en somme, ne reconnaissent-ils pas qu'ils ne peuvent lutter contre de tels adversaires qu'aucun scrupule n'arrête, et ne voient-ils pas que tout ce qu'ils font contre la République tourne au profit du bonapartisme? Ne comprennent-ils donc pas que si l'Empire revenait, tout serait compromis pour eux? Alors qu'ils se rallient donc à la République et ils en auront tous les avantages. Mais, dans tous les cas, qu'ils cessent au plus vite ce jeu de dupes.

Quoi! c'est alors que le danger et les embarras sont passés, que la France, qu'ils ont fait terrasser, est remise debout, qu'ils se montreront, qu'ils viendront, comme en 1848, selon le vieux dicton, « tirer les marrons du feu? »

Ah! il est vrai qu'ils rejettent les responsabilités de nos désastres, qu'ils insinuent qu'en 1867 on avait refusé d'augmenter l'armée et que l'Empire avait été forcé de faire la guerre. Voyons ce qu'il y a de fondé. Depuis trois ans, les Chambres avaient voté la création de la garde nationale mobile : l'a-t-on jamais appelée et exercée? Chaque année, celles-ci votaient un budget énorme pour l'armée; or, au moment de la guerre, le matériel manquait; une foule de soldats qui devaient être dans les rangs n'y étaient pas, et lorsqu'il a fallu les faire rejoindre, le plus grand désordre a eu lieu, et ce désordre s'est continué pendant toute la guerre. D'où venait cet état de choses? N'est-ce pas parce qu'on détournait les fonds votés pour combler le déficit de la triste expédition du Mexique?

Mais si vous n'étiez pas en mesure de faire la guerre, pourquoi dire à la tribune que vous étiez prêts jusqu'au dernier bouton de guêtre? Pourquoi inventer des dépêches et surtout pourquoi la déclarer? Est-ce la province qui réclamait cette guerre? Est-ce Paris, le vrai Paris, qu'il ne faut pas confondre avec quelques bandes de policiers avinés que l'on faisait crier dans les rues pour aider au vote? Sont-ce les vingt-cinq députés de l'opposition, qui cependant ont tous voté contre? Est-ce M. Thiers qui s'y opposa si énergiquement que les séides du bonapartisme, précédant les communards de quelques mois, commencèrent la démolition de son hôtel?

Ah! on invoque encore la trahison! Quel est donc celui des chefs d'armée qui a trahi? Serait-ce celui de l'armée de Metz, Bazaine? Oui, mais il a trahi la République et non l'Empereur. Les voilà, ces mensonges suivis dans tous leurs retranchements : Qu'en reste-t-il? Il faut assurément bien compter sur la naïveté des gens pour oser les émettre. C'est triste pour la morale publique.

Voter pour la légitimité, c'est s'aliéner les nations, où les questions religieuses sont à l'ordre du jour.

Voter pour l'orléanisme, c'est faire craindre à l'Allemagne la revendication de nos provinces perdues en raison de jeunes princes qui pourraient vouloir payer leur bienvenue.

Voter pour l'Empire, le moins honnête, le plus impudent des partis, c'est vouloir faire armer les nations voisines et la guerre à bref délai, car l'Empire ne peut vivre qu'avec la guerre.

A l'appui de ce dernier énoncé et encore bien qu'il se soit parjuré depuis, ne se souvient-on pas que le Roi de Prusse, partant de sa capitale pour la guerre, déclarait solennellement que ce n'était pas contre la France qu'il marchait, mais contre les Bonapartes dont les provocations incessantes n'ont jamais laissé de repos à l'Europe ?

CONCLUSIONS

Par le rapide exposé des faits historiques qui précèdent, ainsi que par l'interprétation que nous en avons donnée, nous pensons avoir établi que tout milite en faveur de la République, et conséquemment que tous les hommes de bonne volonté, tous les hommes vraiment patriotes, que des intérêts particuliers ou la passion politique n'aveuglent pas, doivent lui prêter leur concours. Considérons qu'elle existe et que, pour la détruire, il faudrait une révolution qui nous jetterait dans des complications impossibles à prévoir. Quel citoyen honnête voudrait prendre la responsabilité de ce qu'il adviendrait?

Les avantages du gouvernement républicain étant établis, pour les mettre en pratique il faut dans les Chambres des représentants digne de lui; cherchons-les donc dans les hommes les plus connus du pays par leur honorabilité, leur indépendance et leur libéralisme. Choisissons-les parmi les républicains éprouvés, les hommes déjà ralliés et ceux qui se rallieront sincèrement à la République. Écartons avec un égal soin tous les ultras des partis, tous les radicaux intransigeants, aussi bien les rouges que les blancs et les noirs, dont les principes également absolutistes seraient une cause continuelle de conflits.

Il faut des orateurs pour élever les débats des grandes questions, des légistes pour la confection des lois; mais il faut aussi et surtout des administrateurs et des ingénieurs libres, de grands cultivateurs, de grands négociants, de grands chefs d'industrie, pour l'élucidation des questions pratiques, des savants de divers ordres pour les questions spéciales.

Que tous les gens de bien et de bonne volonté, nous le répétons, écartent tous les candidats ouvertement hostiles à la République, ainsi que tous ceux qui ne déclareront pas franchement se rallier à la constitution républicaine, perfectible et non destructible. Toute autre réserve serait un piége.

En effet, la constitution n'est pas parfaite, beaucoup de nos lois sont discutables, donc la discussion et l'opposition sont nécessaires dans l'intérêt du gouvernement lui-même, mais il faut qu'elles soient constitutionnelles.

Défiez-vous de ceux qui se disent constitutionnels révisionistes ou simplement révisionistes, car ils ont de mauvais desseins. Les pouvoirs du Maréchal n'étant contestés par personne, défiez-vous aussi de ceux qui se disent candidats mac-mahoniens, sans y comprendre la République, car ceux-là cachent leur drapeau dans leur poche, dissimulent leurs véritables opinions, et font tout au moins injure à la loyauté du Maréchal, en le supposant capable de commettre soit avant, soit en 1880, lui, son premier magistrat, un acte déloyal envers la République. Donc, méfiance envers tous ces candidats nébuleux, cachant sous des prétextes divers, leurs véritables opinions. Ils se réservent le droit de mettre à chaque instant l'indécision et le trouble dans le pays, afin de le fatiguer de la République et de la renverser. N'avons-nous pas assez de cette triste comédie?

Triste comédie! En effet, ne sont-ce pas ceux qui par le mauvais vouloir depuis cinq ans refusent de nous donner un gouvernement défini, qui crient que sous la République les choses ne marchent pas et ne peuvent marcher, alors que ce sont eux qui mettent toutes les entraves possibles à sa marche? N'y a-t-il pas lieu d'être indigné d'une telle perfidie?

On peut assurément regretter près de cinq années employées par les partis à se contrecarrer, à équivoquer, à donner le triste spectacle de discussions byzantines, pendant que la nation attendait une solution et donnait à ses représentants l'exemple d'une sagesse admirable.

Quelle différence, en effet, si, dès son installation à Bordeaux ou au moins alors que M. Thiers l'en conjurait, l'Assemblée Nationale eût fait la République, et si les discussions de l'Assemblée n'eussent roulé que sur des lois ordinaires.

Assurément, la richesse du pays se fût plus promptement rétablie de la rançon payée ; les divisions politiques entre les partis et entre les particuliers seraient éteintes ; le laboureur et l'ouvrier

eussent depuis longtemps abandonné le journal politique pour des
lectures plus saines, plus profitables, pour ne penser qu'au travail.
Si ces immenses et heureux résultats n'ont pas eu lieu, à qui en
incombe la responsabilité?

Eh bien! oublions nos dissentiments. Oublions-les d'autant plus
que l'Assemblée, par la bouche de son honorable Président, le duc
d'Audiffret-Pasquier, et par elle-même, a, dans sa dernière séance,
témoigné d'une grande tendance à la conciliation. Légitimistes,
orléanistes, bonapartistes honnêtes, qui ne mettez ni un prince,
ni la forme du gouvernement qu'il représente, ni vos affections per-
sonnelles au-dessus de l'intérêt et du repos de la nation, ralliez-vous
à la République conservatrice ouverte à toutes les intelligences, à
tous les dévouements, quelle que soit l'origine des hommes. Les
hommes hostiles par profession auxquels seuls nos attaques
s'adressent, ne se sentant plus soutenus par vous, se perdront
bientôt dans l'ensemble rallié de la nation.

Femmes françaises qui avez bénéficié des principes de 89 par
la conquête de vos droits civils, qui, unies à des hommes de mérite, arrivez aujourd'hui avec eux aux positions les plus élevées, au
lieu d'être condamnées comme jadis à croupir avec eux et quand
même dans l'obscurité; mères de familles qui voulez la tranquillité
publique, qui voulez donner vos fils au service de la Nation, mais
ne plus les sacrifier aux glorioles meurtrières des Princes, la
guerre, votre sympathie est due à la République, et bien que ne
votant pas, vous pouvez beaucoup pour elle dans les élections.
Cependant c'est vous que ses adversaires circonviennent le plus, à
qui ils sophistiquent davantage l'histoire, afin de vous la montrer
sous les plus vilains aspects, alors qu'elle est la forme du gouvernement qui exige le plus les solides vertus. A quelque classe que vous
apparteniez, prouvez que vous savez allier aux sentiments les plus
délicats du cœur, le sentiment patriotique le plus vif, en un mot
que vous êtes plus fortes de caractère que ces flatteurs ne le
croient.

Nobles, qui voulez arriver non par le privilége, mais par votre
intelligence et le travail, qui, prenant au sérieux la maxime : No-

blesse oblige, entendez vous rendre utiles à la société et non en être les parasites ; bourgeois dont les pères ont été les grands et patriotes auteurs de notre émancipation de 89 et l'ont scellée de leur sang, et qui ne voudrez pas être les renégats de leur foi ; hommes des professions libérales dont les aspirations ont toujours été pour la liberté ; grands négociants, grands industriels, dont les sentimens patriotiques et républicains ont toujours été l'apanage ; marchands et artisans de tous ordres qui, comme les précédents, avez toujours fait preuve de patriotisme et, avec eux, payez par les impôts la plus grosse part de la rançon de guerre ; qui voulez le calme du pays, afin d'arriver à la réduction de vos charges et à la prospérité de vos affaires ; travailleurs des villes et des campagnes, non moins dévoués au pays que personne, qui le voulez prospère, et ne demandez que le calme qui assure et développe le travail dont vous vivez et à qui, pour élever vos enfants, la vie à bon marché est une nécessité, soyez pour la République qui seule, bien comprise, convie la grande famille nationale aux bienfaits d'une solidarité avantageuse pour tous, qui seule offre un terrain neutre sur lequel nous pouvons abdiquer sans froissement d'amour-propre nos préférences respectives.

Oui, votons tous pour la République, car, seule désormais, elle nous assure la paix. Protégeant le commerce et l'industrie, encourageant les lettres, les sciences et les arts, où excelle notre génie, seule elle donnera à la France une ère de prospérité, de grandeur et de gloire incomparable, qui la fera briller plus que jamais au-dessus des autres nations.

Un Bourgeois,

Indépendant de toute attache politique ; n ayant jamais rempli de fonctions publiques autres que celle de contribuable et qui a cru faire acte de bon patriote dans les circonstances actuelles en exprimant sa pensée sur les affaires de son pays.

Les personnes qui partageraient les idées émises dans cette brochure sont priées de la faire circuler parmi leurs amis.

Même prière est faite aux comités politiques. Ceux-ci, de même que les candidats, sont autorisés à transformer cette brochure en affiches et à la faire placarder partout où ils le jugeront utile pour appuyer leurs candidatures.

Les Journaux sont spécialement priés de reproduire en tout ou en partie ou encore par analyse, la présente note qui, comme ils le reconnaîtront, bien que fort courte, est une étude d'ensemble sur la question à l'ordre du jour de la nation.

00818 — Imp. V^{es} Renou, Maulde & Cock, R. Rivoli, 144, à Paris.